TARIF

DES

Commissaires-Priseurs

Ouvrages qui se trouvent au BUREAU DES ANNALES, *rue du Croissant*, 8.

COMMENTAIRE DE LA LOI DU 25 JUIN 1841, SUR LES VENTES PUBLIQUES DE MARCHANDISES NEUVES, publié par M. J.L. JAY. Un vol. in-8.— Prix 4 fr.

MANUEL THÉORIQUE ET PRATIQUE DE L'ARBITRE, ou Traité sur l'Arbitrage volontaire et forcé et sur l'Amiable Composition ; par MM. LE HIR et JAY. Un vol. in-18 ; prix : 3 fr. 50 c.

MANUEL DES GREFFIERS DES JUSTICES DE PAIX, ou TRAITÉ DES FONCTIONS ET DES ATTRIBUTIONS DE CES FONCTIONNAIRES, suivi d'un appendice sur les fonctions des huissiers dans leurs rapports avec les justices de paix ; par M. J. L. JAY.—Un vol. in-18; prix, 3 fr.

Cet ouvrage contient, outre l'ensemble de la matière, les formules d'actes les plus importans et la solution doctrinale de toutes les questions relatives aux fonctions et aux devoirs des greffiers des justices de paix.

PARIS, IMPRIMERIE DE POUSSIELGUE,
rue du Croissant, 12.

TARIF

DES

COMMISSAIRES-PRISEURS

D'APRÈS LA LOI DU 18 JUIN 1843;

PUBLIÉ

PAR M. J.-L. JAY,

Directeur des *Annales* et du *Répert. de la science des Juges de Paix.*

A PARIS,

AU BUREAU DES *ANNALES*,
rue du Croissant, 8,

ET CHEZ JOUBERT, LIB., RUE DES GRÈS, 14.

—

1843

TEXTE

DE

LA LOI DU 18 JUIN 1843,

COMMENTÉE CI-APRÈS.

ARTICLE PREMIER.

Il sera alloué aux commissaires-priseurs :

1° Pour droits de prisée, pour chaque vacation de trois heures, à Paris, Lyon, Bordeaux, Rouen, Toulouse et Marseille, 6 fr.

Partout ailleurs, 5 fr.

2° Pour assistance aux référés ou pour chaque vacation, à Paris, Lyon, Bordeaux, Toulouse et Marseille, 5 fr.

Partout ailleurs, 4 fr.

3° Pour tous droits de vente, non compris les déboursés pour y parvenir et en acquitter les droits, non plus que la rédaction des placards, 6 pour cent sur le produit des ventes, sans distinction de résidence.

Il pourra, en outre, être alloué une ou plusieurs vacations sur la réquisition des parties, constatée par procès-verbal du commissaire-priseur, à l'effet de préparer les objets mis en vente.

Ces vacations extraordinaires ne seront passées en taxe qu'autant que le produit de la vente s'élevera à 3,000 fr.

Chacune de ces vacations de trois heures donnera droit aux émoluments fixés par le n° 1er du présent article.

4° Pour expédition ou extrait de procès-verbaux de vente, s'ils sont requis, outre le timbre, et pour chaque rôle de vingt-cinq lignes à la page et de quinze syllabes à la ligne, 1 fr. 50 c.

Pour consignation à la caisse, s'il y a lieu, à Paris, Lyon, Bordeaux, Rouen, Toulouse et Marseille, 6 fr.

Partout ailleurs, 5 fr.

Pour assistance à l'essai ou au poinçonnage des matières d'or et d'argent, à Paris, Lyon, Bordeaux, Rouen, Toulouse et Marseille, 6 fr.

Partout ailleurs, 5 fr.

Pour paiement des contributions conformément aux dispositions des lois des 13 et 18 août 1791 et 12 novembre 1808, à Paris, Lyon, Bordeaux, Rouen, Toulouse et Marseille, 4 fr.

Partout ailleurs, 3 fr.

ART. 2.

L'état des vacations, droits et remises alloués aux commissaires-priseurs sera délivré sans frais aux parties. Si la taxe est requise, elle sera faite par le président du tribunal de première instance ou par un juge délégué.

ART. 3.

Toutes perceptions directes ou indirectes autres que celles autorisées par la présente loi, à quelque titre et sous quelque dénomination qu'elles aient lieu, sont formellement interdites.

En cas de contravention l'officier public pourra être suspendu ou destitué, sans préjudice de l'action en répétition de la partie lésée et des peines prononcées par la loi contre la concussion.

ART. 4.

Il est églement interdit aux commissaires-priseurs de faire aucun abonnement ou modification à raison des droits ci-dessus fixés, si ce n'est avec l'Etat et les établissements ublics.

Toute contravention sera punie d'une suspensiou de quinze jours à six mois. En cas de récidive la destitution pourra être prononcée.

Art. 5.

Il y aura entre les commissaires-priseurs d'une même résidence une bourse commune dans laquelle entrera la moitié des droits proportionnels qui leur seront alloués sur chaque vente.

Néanmoins les commissaires-priseurs attachés aux Monts-de-Piété et les commissaires-priseurs du domaine feront leurs versements à la bourse commune conformément aux traités passés entre eux et les autres commissaires.

Ces traités seront soumis à l'homologation du tribunal de première instance, sur les conclusions du procureur du roi.

Art. 6.

Toute convention entre les commissaires-priseurs, qui aurait pour objet de modifier directement ou indirectement le taux fixé par l'article précédent est nulle de plein droit, et les officiers qui auraient concourus à cette convention encourront les peines prononcées par l'art. 4 ci-dessus.

Art. 7.

Les fonds de la bourse commune sont affectés comme garantie principale au paiement des deniers produits par les ventes; ils seront saisissables.

Art. 8.

La répartition des émoluments de la bourse commune sera faite, tous les deux mois, par portions égales entre les commissaires-priseurs.

Art. 9.

Les commissaires-priseurs de Paris continueront à être régis par les dispositions de l'arrêté du 29 germinal an 9, relativement à leur chambre de discipline.

Les dispositions de cet arrêté pourront être étendues par ordonnance royale, rendue dans la forme des réglements d'administration publique, aux chambres de discipline qui seraient instituées dans d'autres localités.

Art. 10.

Toutes les dispositions contraires à la présente loi sont et demeurent abrogées.

TARIF

DES COMMISSAIRES-PRISEURS

d'après la loi du 18 juin 1843,

CONTENANT :

1o Le résumé des discussions aux chambres de la loi du 18 juin 1843 et les considérations sur l'application de cette loi aux notaires, greffiers et huissiers employés comme officiers-vendeurs;

2o Le commentaire de la loi, article par article ;

3o Un tableau comparatif des droits que percevaient les commissaires-priseurs avant la loi nouvelle, de ceux qu'ils peuvent percevoir aujourd'hui, et de ceux alloués aux notaires, greffiers et huissiers.

Nous donnerons dans les trois chapitres qui suivent :

1° L'état du tarif des officiers vendeurs avant la loi du 18 juin 1843, les circonstances dans lesquelles cette loi a été présentée, les motifs qui l'ont dictée et les considérations générales sur la loi et sur son application aux notaires, greffiers et huissiers considérés comme officiers vendeurs.

2° Le commentaire de cette loi, article par article.

3° Le tableau du tarif actuel des officiers vendeurs.

CHAPITRE PREMIER.

De l'état du tarif des officiers vendeurs avant la loi du 18 juin 1843.—Circonstances dans lesquelles cette loi a été présentée.— Motifs qui l'ont dictée. — Considérations générales sur la loi.— Est-elle applicable aux notaires, greffiers et huissiers considérés comme officiers vendeurs?

1. Le 5 février 1840, M. le garde des sceaux présenta à la chambre des députés une loi contenant un système complet sur les ventes judiciaires et publiques des biens meubles; le projet contenait tous les principes de la matière, réglait les attributions des notaires, des commissaires-priseurs, des courtiers de commerce, des greffiers, des huissiers, la vente des marchandises neuves, la vente des effets mobiliers appartenant à l'Etat; il contenait le tarif des

droits de prisée et de vente accordés aux commissaires-priseurs, et aussi ceux des autres officiers vendeurs.

Ce projet n'est pas parvenu à l'état de disposition législative; il fut retiré le 24 février 1841, le gouvernement renonçant à son ensemble; mais depuis deux projets nouveaux, extraits de l'ancien, ont été proposés, l'un sur *la vente publique des marchandises neuves*, l'autre sur *le tarif des commissaires-priseurs*.

Nous avons publié il y a deux ans le commentaire de la loi du 25 juin 1841 sur la vente publique des marchandises neuves.

Pour que ce traité ne laisse rien à désirer et soit pour les commissaires-priseurs et autres officiers vendeurs de meubles une espèce de code, nous le faisons suivre aujourd'hui du commentaire de la loi nouvelle sur le tarif en matière de vente publique de meubles.

2. Nous commenterons cette nouvelle loi par l'exposé des motifs, les rapports des commissions et les discussions qui ont eu

lieu devant les chambres, en les rapprochant de quelques décisions sur la matière rendues sous l'empire de la loi ancienne, mais qui se rapportent cependant aux dispositions analogues de la loi nouvelle ; et comme cette dernière, ainsi qu'on le verra, ne s'occupe spécialement que du tarif des commissaires-priseurs, nous ferons suivre notre travail d'un tableau de tous les droits à percevoir tant par les commissaires-priseurs eux-mêmes que par les notaires, greffiers et huissiers, en un mot par tous les officiers vendeurs de meubles.

En outre, quoique la loi nouvelle ne s'applique qu'aux commissaires-priseurs, la discussion dans les chambres a fait ressortir plusieurs points de doctrine qui méritent d'être signalés à tous ceux qui s'occupent des ventes publiques de meubles, qu'ils ne peuvent même pas ignorer, et sous ce rapport encore, notre commentaire aura un but d'utilité bien plus étendu que ne parait le comporter le titre de la loi.

3. La loi du 27 ventôse an IX allouait aux commissaires-priseurs de Paris pour *frais de prisée* 6 fr. par vacation de trois heures (art. 6.), et pour *tous frais de vente*, vacations à ladite vente, rédaction de minute et première expédition du procès-verbal, droit de clerc et tous autres droits, non compris les déboursés faits pour annoncer la vente et en acquitter les droits savoir, 8 p. 0/0 lorsque le produit de la vente s'élevait jusqu'à 1,000 fr., 7 p. 0/0 lorsque le produit s'élevait jusqu'à 4,000 fr., et 5 p. 0/0 lorsque le produit s'élevait au-dessus de 4,000 fr.

4. Quant aux commissaires-priseurs des départemens, l'art. 89 de la loi du 28 avril 1816 disposait ainsi : « En attendant qu'il » ait été statué par une loi générale sur » les vacations et frais desdits officiers, ils » ne pourront recevoir de plus forts droits » que ceux qu'a fixés la loi du 17 septembre 1793. »

Or, quels étaient ces droits? Cette dernière loi renvoie elle-même à celle du

11 juillet 1790, qui maintient, il est vrai, les quatre deniers pour livre du prix des ventes précédemment attribués aux *jurés-priseurs;* mais cette rétribution n'est point destinée aux *nouveaux* officiers chargés de ces ventes, elle est réservée au domaine pour être employée au remboursement des offices supprimés; et d'après l'art. 8, les droits des nouveaux officiers sont fixés à 2 sols 6 deniers par rôle de grosse des procès-verbaux, 2 sols 6 deniers pour enregistrement d'une opposition, et 1 livre 10 sols pour vacation de prisée.

La loi de 1793 ne se contente pas de renvoyer à celle de 1790, elle ajoute, art. 4, que les officiers vendeurs *établis dans les départemens* ne pourront y percevoir que les deux tiers du prix des vacations ainsi qu'elles étaient fixées par la loi de 1790, et rapporte la disposition de cette même loi en ce qu'elle les autorisait à percevoir 2 sols 6 deniers par rôle de grosse des procès-verbaux.

Ainsi, de la législation provisoire établie

par la loi du 28 avril 1816, il résultait que les commissaires-priseurs des départemens ne pouvaient réclamer que 1 livre par vacation de prisée; et comme ni la loi de 1790 ni celle de 1793 ne parlent de droits proportionnels sur le prix des ventes, on pouvait en induire qu'il n'était dû à ces officiers pour ces sortes d'opérations que de simples vacations sur le même pied que celles des prisées.

5. Ce tarif vraiment dérisoire n'a jamais été suivi, et l'arbitraire a remplacé la loi. Les tribunaux eux-mêmes, anticipant sur les promesses du législateur, avaient accordé aux commissaires-priseurs des émolumens plus en rapport avec l'importance de leur ministère; cependant un arrêt de la cour royale de Paris ayant autorisé la perception d'un droit de 5 p. 0/0 reçu par un commissaire-priseur dans son ressort, et en dehors du département de la Seine, cet arrêt fut cassé par la cour suprême le 24 juin 1833 (Sir. 33-1-692). La cour de cassation s'est fondée sur ce que la loi du 28

avril 1816 n'autorise les commissaires-priseurs des départemens à percevoir d'autres droits que ceux fixés par la loi du 17 septembre 1793, et sur ce que cette dernière loi n'a créé en leur faveur qu'un droit fixe de vacation sans parler ni d'honoraires ni de traités avec les parties comme le faisait la loi du 26 juillet 1790.

Mais cet arrêt n'avait nullement empêché la perception de droits proportionnels par les commissaires-priseurs, et cette perception n'en était pas moins autorisée par les cours et les tribunaux.

6. Il s'ensuivit une véritable anarchie. Ainsi, dans plusieurs grandes villes des départemens, on adopta le tarif de la loi du 27 ventôse an IX relative aux commissaires-priseurs de Paris.

Dans d'autres localités on suivit les dispositions des art. 38, 39, 41 et 42 du tarif du 16 février 1807 relatives à la taxe des huissiers pour la vente des meubles saisis. Une décision du ministre de la justice autorisait les commissaires-priseurs établis ailleurs qu'à Paris à suivre pour leurs droits et honoraires à raison des affiches, frais de voyage, etc., le tarif de 1807.

On fut même loin de s'en tenir là. Il résulte d'un discours de M. le garde des sceaux prononcé devant la chambre des députés, séance du 25 avril 1843 (*Moniteur* du 26, p. 915), que le taux le plus généralement perçu par les commissaires priseurs était de 5 p. 0/0 payés par le vendeur et de 5 p. 0/0 payés par l'acheteur, « voilà, dit M. le ministre, ce qui se faisait ostensiblement avec l'assentiment des magistrats eux-mêmes ; les procureurs-généraux vous déclarent que les commissaires-priseurs ont été jusqu'à recevoir 20 p. 0/0 du produit des ventes. »

Il paraît que les droits étaient surtout élevés dans les départemens de l'ancienne Lorraine et de l'ancienne Normandie : là, les propriétaires ont l'habitude de vendre leurs récoltes sur pied, ils les vendent à trois, six mois, un an de terme ; ils chargent les officiers vendeurs de faire les recouvremens et d'être responsables des deniers (*Discours de M. Périer de l'Ain*, ch. des députés, séance du 25 avril 1843, *Monit.* du 26, p. 915). Ces officiers deviennent alors des espèces d'agens d'affaires et prennent des honoraires qui vont jusqu'à 15, 18 et 20 p. 0/0.

7. Cet arbitraire avait été d'un funeste exemple : les commissaires-priseurs de Paris eux-mêmes, s'autorisant sans doute d'une tolérance générale, ne se montraient plus satisfaits de leur tarif, tout avantageux qu'il était ; ils l'avaient refait de leur autorité privée par une délibération du 27 novembre 1823, qui jamais n'a été ni soumise à approbation, ni approuvée.

Sous le prétexte que le tarif n'était pas complet, et qu'il avait omis de taxer plusieurs actes et démarches qui méritent une juste rémunération, les commissaires-priseurs, oubliant que la remise proportionnelle accordée par la loi de l'an IX, embrassait tous les frais, ont décomposés la vente pour assigner en outre à chacun de ses élémens un chiffre particulier, en sorte que le chiffre d'ensemble fixé par la loi a été considérablement augmenté.

8. Il ne faut pas se dissimuler que ce mépris des dispositions légales, trop facilement toléré jusqu'ici, a été l'une des causes de ces préventions défavorables dont se plaignent les commissaires-priseurs eux-mêmes.

Il était donc de leur intérêt, comme de l'intérêt public que des règles invariables et littéralement exécutées vinssent enfin remplacer un arbitraire qui ne s'était que trop longtemps prolongé.

9. Plusieurs tentatives avaient cependant été faites par le gouvernement pour sortir du provisoire dans lequel le tarif était laissé par la loi de 1816: en 1817, en 1818, en 1830, des projets ont été élaborés; les deux premiers furent présentés aux chambres et rejetés, le troisième ne fut

que préparé ; ces projets prenaient pour base le tarif de Paris en le réduisant pour une classe moins considérable des villes, des départemens, ou bien les droits accordés aux huissiers par le tarif du 16 février 1807 pour les prisées, les ventes de meubles, en y ajoutant un pour cent du produit des ventes.

10. L'insuffisance du tarif de 1816 ne peut plus être en question et l'on a justement reproché au tarif de l'an IX de faire peser l'impôt sur le pauvre plus que sur le riche. On peut lui reprocher encore d'avoir mal établi les proportions dans le décroissement des honoraires. Il paraît d'ailleurs convenable de maintenir un droit de vacation pour la prisée, et un droit de remise pour la vente.

11. C'est en février 1842 que le premier projet sur le tarif, extrait du projet général de 1840 sur les ventes publiques de biens-meubles, a été présenté à la chambre des pairs ; il fut adopté par cette

chambre en cette session ; porté à la chambre des députés le 2 mai 1842, il fut l'objet d'un premier rapport déposé le 26 mai 1842. La chambre ayant été renouvelée il fut représenté dans la session de 1843, devint l'objet d'un second rapport, déposé le 17 avril 1843 : il fut adopté le 26 avril 1843. Reporté à la chambre des pairs, qui l'adopta de son côté dans la séance du lundi 9 mai sans aucun amendement, il a été inséré au *Bulletin des Lois* le 18 juin 1843.

12. Le projet de loi en l'état où il fut présenté à la chambre des pairs, en février 1842, s'occupait exclusivement du tarif des commissaires-priseurs. La commission chargée alors de l'examiner crut opportun et utile d'appliquer ce même tarif *aux notaires, greffiers et huissiers* qui, dans certaines localités, concourent aux ventes avec les commissaires-priseurs, et dans d'autres localités les remplacent pour ces mêmes ventes.

A la vérité le tarif de février 1807 existait déjà pour ces classes d'officiers ministériels ; mais la commission de la chambre des pairs pensa que les notaires, greffiers et huissiers étant appelés à concourir avec les commissaires-priseurs ou à les suppléer pour des opérations identiques, il était juste d'une part que les mêmes émolumens fussent attribués à tous pour des travaux semblables ; d'autre part, que tous aussi fussent soumis aux mêmes règles puisque ces règles avaient pour but de faire disparaître des abus reprochés à toutes les classes. Il avait paru en outre, que, pour que la concurrence fût réelle, pour que les commissaires-priseurs auxquels toute modification dans la perception des droits fixés par le tarif était formellement interdite, ne fussent pas facilement supplantés par des concurrens qui pouvaient au contraire abaisser à leur gré le taux de leurs droits, il fallait nécessairement assujettir les uns et les autres à la même loi (1). Ces motifs avaient déterminé, avec l'approbation du gouvernement, l'introduction dans le projet d'un art. 10, qui rendait le nouveau tarif et les dispositions de la nouvelle loi communs à toutes les classes d'officiers ministériels vendeurs.

Cet article 10 avait été adopté par les deux commissions de la chambre des députés; mais devant cette chambre il devint l'objet d'attaques très vives. On y soutint comme un fait constant, et M. le garde-des-sceaux le confirma par son témoignage, que, sur le plus grand nombre des communes du royaume, les ventes publiques des meubles s'opéraient par les notaires, greffiers et huissiers, à un taux très inférieur à celui fixé par le projet de loi pour les commissaires-priseurs. Que, dans beaucoup de localités, le taux des-

(1) Extrait du rapport de M. Félix Faure, rapporteur de la commission de la chambre des pairs, séance du 26 mai 1843.

cend jusqu'à un pour cent. On a dit que si le tarif adopté pouvait convenir dans les villes populeuses où de grandes richesses mobilières font sentir le besoin de cette nouvelle classe d'officiers ministériels, il y avait une foule de communes pour lesquelles le tarif destiné à ces officiers publics serait trop élevé. Que forcer les notaires, par exemple, qui jusqu'alors s'étaient contentés de droits moindres, à recevoir plus qu'ils n'auraient demandé sans la loi, plus qu'ils n'avaient reçu jusqu'à sa promulgation serait une mesure fâcheuse, évidemment nuisible aux intérêts des justiciables, aux intérêts de ceux qui, à raison de leur peu de fortune et de leur position, devaient être plus particulièrement protégés par la loi.

On a ajouté que traiter sur le même pied les notaires, greffiers et huissiers pour lesquels la vente publique des meubles n'était qu'une attribution accessoire, secondaire, et les commissaires-priseurs, dont ces ventes composaient l'attribution unique, c'était trop favoriser les premiers sous prétexte d'une égalité qui n'était qu'apparente.

Enfin, quant à la concurrence au rabais qu'on redoutait pour les commissaires-priseurs, on a répondu qu'ils avaient le droit *exclusif* d'exercer leur ministère dans le chef-lieu de leur résidence, où, par conséquent, aucune rivalité n'était à craindre, et que si, dans le reste de l'arrondissement, d'autres officiers publics concouraient avec eux, ce concours ne pouvait que profiter aux justiciables dans l'intérêt desquels, après tout, sont établis les officiers ministériels.

Cependant il était à remarquer que si les propriétaires réclamaient le rejet de l'art. 10 parceque cet article devait empêcher l'abaissement des droits de vente, les notaires, greffiers et huissiers en réclamaient aussi le rejet comme devant nuire à l'élévation du droit. Cela paraissait contradictoire et s'expliquait cependant par ce fait que les droits perçus sont extrêmement variables : sur quelques points les officiers ministériels vendeurs ne perçoivent qu'un et un et demi pour cent, sur d'autres ils perçoivent dix, douze, et même, ainsi que nous l'avons déjà dit, bien davantage.

Comme le débat s'animait de plus en plus devant la chambre des députés, M. le garde-des-sceaux monta à la tribune et s'expliqua ainsi :

« Supposons l'art. 10 voté, qu'arrivera-t-il? C'est que lorsqu'on sera obligé de recourir à un officier ministériel désigné par cet article il faudra que le propriétaire paie 6 p. 0/0, et l'officier ministériel ne pourra pas se dispenser de les recevoir.

« Au contraire, supposez que la loi se borne à statuer à l'égard des commissaires-priseurs, je suis très persuadé que, même pour les cas particuliers auxquels a fait allusion M. le rapporteur, les abus qui ont existé jusqu'à ce jour ne se reproduiront plus; car si jusqu'à présent un notaire percevait une somme trop considérable pour son salaire c'est qu'il ne se trouvait à côté de lui qu'un officier ministériel non taxé et qui pouvait recevoir aussi cette somme ; mais vous aurez un tarif pour les commissaires-priseurs qui leur défendra de recevoir plus de 6 0/0 du produit de la vente, concevez-vous qu'il y ait un notaire, un huissier ou un greffier qui vienne demander une somme plus considérable ?

« Non, sans doute : à côté de lui se trouvera un officier ministériel reconnu par la loi, dont les droits auront été fixés, et qui ne pourrait recevoir plus de 6 0/0.

« D'ailleurs, s'il arrive dans les lieux où il n'y a pas de commissaire-priseur qu'un greffier, un huissier ou un notaire vienne demander plus de 6 0/0, la partie a recours au magistrat chargé de faire la taxe. Eh bien ! croyez-vous, messieurs, que ce magistrat fera cette taxe à un taux plus considérable que celui du tarif que vous aurez fixé pour les officiers ministériels chargés des ventes ? Cela ne saurait arriver.

« Ainsi, d'une part, vous aurez la concurrence des commissaires-priseurs, qui ne permettra pas aux autres officiers ministériels de demander des sommes plus considérables que celles fixées par le tarif, et d'autre part, les présidens des tribunaux de première instance statueront sur les réclamations des parties. Je pense donc, Messieurs, qu'il est prudent, surtout sans inconvénient, de supprimer l'art. 10 et de réduire la loi à ce qu'elle doit être, c'est à dire au tarif des commissaires-priseurs. » (Ch. des Députés, séance du 26 avril 1843, *Monit.* du 27, p. 932.)

Ces paroles occasionnèrent le rejet de l'art. 10.

La commission nommée de nouveau par la chambre des pairs, lorsque le projet de loi lui fut soumis pour la seconde fois, se confiant dans le zèle et la surveillance de la magistrature et dans l'assurance donnée par M. le garde-des-sceaux, « que la taxe faite par les magistrats réduirait toujours au taux de la loi projetée, et souvent au-dessous, les droits réclamés par les notaires, greffiers et huissiers, dont les honoraires ne s'éleveront jamais ainsi audelà de 6 0/0 et pourront être beaucoup moins considérables, » consentit aussi à la suppression de l'art. 10, et la loi a été votée avec cette suppression.

13. Quelques enseignemens de la plus haute importance résultent de ces discussions aux chambres; c'est que :

1° La loi ne concerne absolument que les commissaires-priseurs, aucune de ses dispositions, soit celles sur le tarif, soit celles sur la défense d'abonnement ou de convention avec les parties, ne regardent les notaires, greffiers ou huissiers; considérés comme officiers vendeurs de meubles, ces officiers restent donc absolument sous le même droit qu'auparavant, et l'incertitude qui existait sur leur tarif existe encore.

2° Cependant le vœu formel a été exprimé dans les chambres que leurs honoraires ou émolumens ne puissent dépasser ceux accordés par la loi aux commissaires-priseurs, qu'ils restent même au dessous : il en résulte que si la taxe était demandée, et elle pourrait l'être, les tribunaux exempteraient les parties de tous droits supérieurs.

Après ces premières considérations nous passons au commentaire des articles de la loi.

CHAPITRE II.

COMMENTAIRE DE LA LOI DU 18 JUIN SUR LE TARIF DES COMMISSAIRES-PRISEURS.

14. Art. 1er. *Il sera alloué aux commissaires-priseurs :*

1° *Pour droits de prisée, pour chaque vacation de trois heures, à Paris, Lyon, Bordeaux, Rouen, Toulouse et Marseille, 6 fr.*

Partout ailleurs, 5 fr.

Le droit pour les prisées a été établi différent, suivant les lieux, quoique le droit proportionnel pour les ventes ait été réglé partout au même taux. « Lorsqu'il s'agit, en effet, de rétribuer l'emploi du temps, disait M. Dugabé en son rapport à la chambre des députés, séance du 17 avril 1843, (*Monit.* du 24, p. 887), il convient d'avoir égard à la valeur que lui donnent la multiplicité des affaires, le mouvement des grandes villes. Il est incontestable que trois heures employées à Paris, Lyon ou Marseille sont d'un prix supérieur à celui du même espace de temps absorbé partout ailleurs; mais quand il s'agit des soins donnés à une vente, pourquoi la différence? Le mobilier du pauvre mérite d'être traité encore avec plus de sollicitude que celui du riche; il faut que le commissaire-priseur s'attache à lui donner la plus grande valeur possible, et ce serait en augmentant son travail, en faisant un appel à toute sa sollicitude qu'on diminuerait le salaire! »

15. — 2° *Pour assistance aux référés, ou pour chaque vacation, à Paris, Lyon, Bordeaux, Toulouse et Marseille, 5 fr.*

Partout ailleurs, 4 fr.

16. — 3° *Pour tous droits de vente, non compris les déboursés pour y parvenir et en acquitter les droits, non plus que la rédac-*

tion des placards, 6 pour cent sur le produit des ventes, sans distinction de résidence.

Il pourra en outre être alloué une ou plusieurs vacations, sur la réquisition des parties constatée par procès-verbal du commissaire-priseur, à l'effet de préparer les objets mis en vente.

Ces vacations extraordinaires ne seront passées en taxe qu'autant que le produit de la vente s'élèvera à 3,000 fr.

Chacune de ces vacations de trois heures donnera droit aux émolumens fixés par le n° 1er du présent article.

Voici dans quels termes M. Dugabé exposait à la chambre des députés les motifs qui avaient fait adopter le chiffre de 6 pour cent pour le droit de vente : « L'usage constate que le mode des ventes confiées aux officiers vendeurs varie à l'infini ; que des conditions de crédit, de délai, de terme, de responsabilité, de collecte de deniers leur sont souvent imposés ; il était de notre devoir non de réglementer des usages aussi nombreux que les localités où l'on procède aux ventes, mais de rétribuer convenablement l'officier public, en mettant les citoyens à l'abri de prétentions exagérées. Nous avons dû pour cela trouver le terme moyen de ce qui se fait aujourd'hui, et nous n'hésitons pas à dire que le chiffre de 6 pour 100 uniformément établi, répond à tous les besoins, à tous les intérêts. — Il ne faut pas se dissimuler cependant que dans certaines localités les émolumens des commissaires-priseurs leur fourniront à peine des moyens d'existence : cet inconvénient tient à l'extension exagérée du droit de créer ces sortes de charges. Le nombre en sera diminué par la force des choses, et l'expérience sanctionnera des mesures qui ménagent tous les intérêts.» (1)

(1) L'ordonnance du 26 juin 1816 prescrivit l'établissement d'un commissaire-priseur par justice de paix dans les villes d'une population de 5,000 âmes et au-dessus. En exécution de cette ordonnance, le gouvernement créa, dans le cou-

Remarquons que le paragraphe 3 dit *pour tous droits de vente, non compris les déboursés.* Un amendement avait été proposé à la chambre des députés par M. Perrier, et repris au moyen d'un sous-amendement par M. Cousture, ayant pour but de *préciser* les droits de vente, de déterminer notamment que la *vacation* à ladite vente et la rédaction de la minute seraient comprises dans les 6 pour cent. Ces députés demandaient en outre que la première expédition du procès-verbal y fût également comprise et fût délivrée gratuitement aux parties. Ces distinctions ont été combattues par le rapporteur de la commission. Il a établi que le principe adopté de

rant des années 1816 et 1817, 458 offices de commissaires-priseurs; dans ce nombre, 118 n'ont jamais été occupés, les titulaires s'étant refusés à déposer leur cautionnement; quelques autres ont été supprimés par suite de démissions ou de révocations; il en reste en tout 337. (Rapport de M. Léon de Bussières; chambre des députés, séance du 26 mai; *Moniteur* du 30, pag 1316.)

rétribuer *par vacation* les prisées, et *par un droit proportionnel* la vente, était parfaitement clair ; que les vacations ne pourraient donc être, dans aucun cas, demandées pour la vente ; que la rédaction de la minute ne pouvait non plus donner lieu à un droit distinct. — Quant à la première expédition, il est vrai que la loi du 25 ventôse an 9 la comprenait dans les droits de vente ; mais d'après la loi actuelle, elle devra, dit M. le rapporteur, être payée si la partie la requiert. Ces expéditions ne sont d'ailleurs presque jamais demandées: cela étant, lorsque la partie croira devoir requérir expédition du procès-verbal dans son propre intérêt, il est juste que cette expédition soit payée. — Sur ces observations, les amendemens de MM. Perrier et Cousture ont été rejetés. (*Monit.* 1843, 1er sem., p. 917.)

Nous verrons, art. 3 de la loi, quels sont les déboursés que les commissaires-priseurs peuvent se faire restituer.

17. — 4o *Pour expédition ou extrait de*

procès-verbaux de vente, s'ils sont requis, outre le timbre, et pour chaque rôle de vingt-cinq lignes à la page et de quinze syllabes à la ligne, 1 fr. 50 c.

Pour consignation à la caisse, s'il y a lieu, à Paris, Lyon, Bordeaux, Rouen, Toulouse et Marseille, 6 fr.

Partout ailleurs, 4 fr.

Pour assistance à l'essai ou au poinçonnage des matières d'or et d'argent, à Paris, Lyon, Bordeaux, Rouen, Toulouse et Marseille, 6 fr.

Partout ailleurs, 5 fr.

Pour paiement des contributions conformément aux dispositions des lois des 5 et 18 août 1791 et 12 novembre 1808, à Paris, Lyon, Bordeaux, Rouen, Toulouse et Marseille, 4 fr.

Partout ailleurs, 3 fr.

Les commissaires-priseurs ne doivent délivrer des extraits ou expéditions de procès-verbaux de vente que s'ils en sont requis; la loi le dit formellement, et la discussion à la chambre des députés n'a laissé aucun doute sur ce point. (V. *Monit.* 1843, 1er sem., p. 917.)

La loi du 25 ventôse an 9 n'accordait point aux commissaires-priseurs un salaire distinct pour la consignation à la caisse, pour assistance à l'essai et au poinçonnage des matières d'or et d'argent, pour paiement des contributions ; ils étaient obligés, pour faire rétribuer ces soins, de recourir au tarif de 1807. La nouvelle loi supplée au silence de l'ancienne.

Les contributions dont il est mention dans ce numéro sont celles dues par les contribuables ayant droit aux deniers de la vente. La loi du 12 novembre 1808, article 2, a imposé aux commissaires-priseurs l'obligation d'acquitter ces contributions, et les en a déclarés personnellement responsables.

18. — Art. 2. *L'état des vacations, droits et remises alloués aux commissaires-priseurs sera délivré sans frais aux parties.*

Si la taxe est requise, elle sera faite par le président du tribunal de première instance ou par un juge délégué.

19. — Art. 3. *Toutes perceptions directes ou indirectes autres que celles autorisées par la présente loi, à quelque titre et sous quelque dénomination qu'elles aient lieu, sont formellement interdites.*

En cas de contravention, l'officier public pourra être suspendu ou destitué, sans préjudice de l'action en répétition de la partie lésée et des peines prononcées par la loi contre la concussion.

« Le chiffre de 6 pour cent ne contient point les *déboursés* faits pour parvenir à la vente. Il est bien entendu, et sur ce point nulle équivoque ne peut être permise, qu'il ne s'agit que de *déboursés réels*, justifiés, comme l'insertion dans les journaux, le prix du transport des objets à vendre. Aucun autre sens ne peut être donné à ces mots, *les déboursés faits pour y parvenir;* et votre commission a voulu, par des précisions, ne laisser aucun refuge aux interprétations qui se traduisent toujours en augmentation de frais. Toutes perceptions non écrites dans la loi sont donc proscrites ; les abonnemens et les traités particuliers, les dispositions prétendues réglementaires, celles empruntées aux différens tarifs pour rémunérer *des transports, des collectes de deniers, des comptes de liquidation, des décharges à donner ou à recevoir ;* tout doit disparaître pour faire place à la loi ; hors de ses termes il y aura exaction et concussion ; la tolérance qui jusqu'à ce jour fut une nécessité sera désormais une faiblesse coupable, passible elle-même de répression. » C'est ainsi que s'exprimait M. Dugabé, rapporteur de la commission de la chambre des députés, (*Monit.* 1843, 1er semestre, p. 887.)

Dans les 6 pour cent seront donc compris toutes espèces de droits pour agissemens, écritures, emploi de clerc, minute, etc. ; en un mot, le commissaire-priseur ne pourra réclamer que ses *dé-*

boursés réels et dont il apportera pièce probante.

20. Art. 4.— *Il est également interdit aux commissaires-priseurs de faire aucun abonnement ou modification à raison des droits ci-dessus fixés, si ce n'est avec l'état et les établissemens publics.*

Toute contravention sera punie d'une suspension de quinze jours à six mois. En cas de récidive la destitution pourra être prononcée.

« L'expérience constate, disait encore M. Dugabé dans son rapport, que c'est dans les traités, les abonnemens, les conventions entre parties capables de transiger que les abus se sont montrés; comment les faire cesser, si ce n'est en établissant une règle uniforme que nul n'aura droit de franchir. Vainement allègue-t-on qu'interdire le droit d'abonnement c'est rendre impossible les ventes à termes comme on les pratique surtout dans les départemens qui appartiennent à la Normandie et à la Lorraine. L'intérêt bien compris des officiers publics chargés des ventes doit rassurer contre de semblables alarmes : dans les pays où tel est l'usage, le crédit, le délai, le terme seront toujours accordés, parcequ'ils ajoutent au prix de la chose vendue et profitent ainsi au propriétaire et à celui qui lui prête son ministère. Quand il faut se résigner à vendre au taux d'émolument fixé par la loi sous peine de ne pas vendre du tout, c'est à dire de résigner ses fonctions, le choix n'est pas douteux. »

Et ce ne sont pas seulement les traités ou abonnemens à un taux *supérieur* aux droits accordés par la loi qui sont interdits, les abonnemens à un taux *inférieur* le sont également, c'est à dire qu'un commissaire-priseur ne pourrait convenir, sans s'exposer aux peines de l'art. 4, de prendre *moins* de six pour cent pour une vente. Cette interprétation n'est pas douteuse ; elle ressort des termes de l'art. 4

lui-même ; elle a été unanimement admise dans la discussion aux chambres, et l'un des principaux motifs que l'on invoquait pour étendre les dispositions de la loi nouvelle aux notaires, greffiers et huissiers c'était que ces officiers feraient aux commissaires-priseurs une concurrence insurmontable, puisqu'ils pourraient toujours prêter leur ministère à un taux inférieur à six pour cent, tandis que les commissaires-priseurs *ne le pourraient pas*. Voir discussion de la chambre des députés, séance du 26 avril, et à la chambre des pairs, séance du 29 mai 1843. (*Monit.* du 30 ci-dessus, n° 12.)

21. Art. 5. — *Il y aura entre les commissaires-priseurs d'une même résidence une bourse commune, dans laquelle entrera la moitié des droits proportionnels qui leur seront alloués sur chaque vente.*

Néanmoins les commissaires-priseurs attachés aux Monts-de-Piété et les commissaires-priseurs du domaine feront leurs verse-

mens à la bourse commune conformément aux traités passés entre eux et les autres commissaires.

Les traités seront soumis à l'homologation du tribunal de première instance, sur les conclusions du procureur du roi.

Il y avait dans l'art. 5 du projet de loi tel qu'il avait été présenté à la chambre des députés, session de 1843 : *Néanmoins les commissaires-priseurs attachés aux Monts-de-Piété et les commissaires-priseurs du domaine feront leurs versemens à la bourse commune conformément aux traités passés* ENTRE EUX ET LES COMPAGNIES. Dans la séance du 26 avril 1843 (*Monit.* du 27, p. 930), M. Lavielle proposa de substituer à ces derniers mots ceux-ci : ENTRE EUX ET LES AUTRES COMMISSAIRES, parceque ces termes se trouvent dans l'arrêté du 29 germinal an IX sur la discipline des commissaires-priseurs. M. Moreau, de la Meurthe, objecta que ces mots : *et les autres commissaires* n'indiquent pas si c'est avec les commissaires - priseurs *individuellement* ou avec les commissaires *en corps* que les traités doivent être passés. M. le garde-des-sceaux a adhéré à l'amendement en déclarant *qu'il trouvait le même sens aux deux expressions proposées*. Sur cette explication l'amendement a été adopté.

On doit conclure de cette discussion que c'est avec les compagnies *en corps* et non avec les commissaires - priseurs *individuellement* que les traités doivent avoir lieu.

L'exception, quant aux versemens à la caisse commune, admise relativement aux commissaires-priseurs attachés aux Monts-de-Piété et aux commissaires-priseurs du domaine, a eu pour cause la position spéciale de ces officiers ministériels qui comporte certains risques et quelques frais extraordinaires dont il a fallu leur tenir compte. (Rapport de M. Léon Bussières, ch. des députés, séance du 26 mai 1842, *Moniteur* du 30, p. 1316.)

22. Art. 6. — *Toute convention entre les*

commissaires-priseurs, qui aurait pour objet de modifier directement ou indirectement le taux fixé par l'article précédent est nulle de plein droit, et les officiers qui auraient concourus à cette convention encourront les peines prononcées par l'art. 4 ci-dessus.

23. Art. 7. — *Les fonds de la bourse commune sont affectés comme garantie principale au paiement des deniers produits par les ventes; ils seront saisissables.*

24. Art. 8. — *La répartition des émolumens de la bourse commune sera faite, tous les deux mois, par portions égales entre les commissaires-priseurs.*

25. Art. 9. — *Les commissaires-priseurs de Paris continueront à être régis par les dispositions de l'arrêté du 29 germinal an* IX, *relativement à leur chambre de discipline.*

Les dispositions de cet arrêté pourront être étendues par ordonnance royale, rendue dans la forme des réglemens d'administration publique, aux chambres de dis-

cipline qui seraient instituées dans d'autres localités.

L'article exige que les ordonnances royales qui étendront les dispositions de l'arrêté du 29 germinal an IX, aux chambres de discipline des départemens soient rendues *dans la forme des réglemens d'administration publique,* c'est à dire qu'elles soient délibérées en conseil d'état; c'est, disait M. Léon Bussières, dans son rapport cité ci-dessus, la marche qui à été suivie par l'arrêté du 29 germinal an IX lui-même. Il paraît d'autant plus convenable d'en prescrire une semblable pour les ordonnances en question, que l'arrêté de germinal an IX a été rendu en vue d'une compagnie forte de quatre-vingts membres, d'où l'on doit conclure que ses dispositions ne pourront être purement et simplement étendues à d'autres localités où le nombre des commissaires-priseurs est beaucoup moins considérable, mais qu'elles devront subir les modifications

basées sur les besoins particuliers des diverses localités ; ces modifications pourront être assez importantes pour exiger la garantie qu'offrira leur examen en conseil d'état.

26. **Art. 10.** — *Toutes les dispositions contraires à la présente loi sont et demeurent abrogées.*

CHAPITRE III.

Tableau du tarif des commissaires-priseurs sous la loi nouvelle. — Tarif des notaires, greffiers et huissiers pour les prisées et pour les ventes de meubles.

27. Les émolumens des commissaires-priseurs de Paris tels qu'ils se percevaient avant la nouvelle loi ont été réglés par divers arrêtés de leur chambre, notamment par l'arrêté du 27 novembre 1823. Ces arrêtés étaient basés sur la loi du 27 ventôse an IX et sur l'usage. Nous y prendrons les divers articles que nous discuterons ci-après, et nous appliquerons à chacun de ces articles les dispositions de la loi nouvelle.

Quant au tarif des notaires, greffiers et huissiers, nous avons vu qu'il est à peu près *arbitraire;* il se réglait et devra se régler encore sur le tarif de 1807 et aussi sur l'usage, avec pourtant cette restriction que la taxe de ces officiers vendeurs ne pourra être supérieure à celle des commissaires-priseurs telle qu'elle est établie par la loi du 18 juin 1843. (V. ci-dessus nos 12 et 13.)

28. Mais nous devons faire cette observation essentielle, c'est que tout ce qui se rapporte aux huissiers dans ce paragraphe et dans les paragraphes qui précèdent et qui suivent ne concerne nullement les ventes d'effets saisis ou autres auxquels ils sont appelés par les dispositions du code de procédure sur les *saisies.* Les honoraires et frais de ces ventes sont *uniquement* réglés par les articles du tarif de 1807, 36 et suiv. Nous ne nous occuperons donc des huissiers qu'autant qu'ils remplacent les commissaires-priseurs dans

les ventes de meubles, office qui leur appartient en concurrence avec les greffiers et notaires.

29. Les notaires, dans les mémoires qu'ils ont fournis aux chambres lors de la discussion de la loi du 18 juin 1843, ne reconnaissaient d'autre règle de taxe que l'art. 51 de la loi du 25 ventôse an IX, ainsi conçu : « Les honoraires et vacations des » notaires seront réglés à l'amiable entre » eux et les parties, sinon par le tribunal » civil de la résidence du notaire, sur » l'avis de la chambre et sur simple mé- » moire sans frais. »

Les chiffres que nous donnerons ci-après pour les émolumens et droits des notaires, greffiers et huissiers sont principalement fondés sur l'*usage*.

No 1er.

Prisées.

30. Il était alloué pour chaque vacation de prisée, aux commissaires-priseurs de Paris, suivant l'art. 6 de la loi du 27 ventôse an 9, 6 fr.

Les commissaires-priseurs des départemens percevaient, suivant l'art. 39 du tarif de 1807, dans les villes avec tribunal, 5 fr.

Dans les cantons ruraux, 4 fr.

Ces deux dernières taxes doivent être maintenues pour les greffiers et huissiers. L'art. 39 du tarif de 1807 les applique aux vacations des huissiers *vendeurs;* il y a même raison de décider en cas de *prisée.*

D'après la loi nouvelle, art. 1er, § 1er, les commissaires-priseurs recevront pour droit de prisée, par vacation de trois heures, à Paris, Lyon, Bordeaux, Rouen, Toulouse et Marseille, 6 fr.

Partout ailleurs, 5 fr.

31. Si l'officier vendeur était obligé de se transporter à une distance de plus d'un myriamètre, il pourrait demander le paiement de ses frais de transport. Il est vrai que ce droit de transport n'est pas alloué par la loi du 18 juin 1843, et que l'art. 3 de cette loi interdit *toutes perceptions directes ou indirectes autres que celles qu'elle autorise, à quelque titre et sous quelque dénomination que ces perceptions aient lieu;* il est vrai encore qu'en expliquant à la chambre des députés cet art. 3, le rapporteur de la commission disait : « Toutes perceptions non écrites dans la loi sont donc proscrites, » et qu'il enveloppait dans cette proscription les rémunérations *des transports.* (V. ci-dessus n° 19.) Mais il faut croire qu'il n'est pas, dans ces citations, question des *transports extraordinaires;* car il est certain qu'un officier priseur qui, pour faire une prisée, sera obligé de se transporter à un, deux ou trois myriamètres de son domicile, ne pourra pas se contenter de la simple taxe de 6 fr. ou de 5 fr. *par*

vacation employée à la prisée. Si cela était, il n'y aurait aucune parité entre les honoraires de celui qui opère au lieu même de son domicile et les honoraires de celui qui est obligé de se transporter. D'ailleurs le transport lui-même ayant lieu *pour la prisée*, ne peut-il pas être considéré comme y étant employé? — L'instruction sur la taxe des commissaires-priseurs de Paris fixait à 24 fr. chaque journée de campagne constatée. Cette espèce de forfait ne pouvant plus avoir lieu, le commissaire-priseur devrait ou demander exactement ses *frais de voyage,* ou tout au plus faire taxer en outre comme vacation le temps qu'il y aurait employé.— Ajoutons qu'il ne serait rien dû pour une distance de moins d'un myriamètre ; argument tiré de l'art. 66 du tarif de 1807. (V. encore, quant aux prisées, ci-après n° 44.)

N° 2.

Relevé d'inventaire.

32. Le plus ordinairement la vente a lieu avant que l'inventaire ait pu être expédié, et même quelquefois avant la clôture : ce qui arrive principalement lorsque la vente est faite en vertu d'ordonnance sans attribution de qualité ou quand il y a urgence.

L'officier vendeur doit alors faire le relevé, sur l'inventaire, tant des qualités des parties que des effets inventoriés.

Dans ce cas, et en justifiant de ce relevé, il était alloué le tiers du montant des vacations employées pour la prisée.

Désormais ce droit ne pourra plus être perçu par les commissaires-priseurs, puisque le relevé d'inventaire ne donne lieu à aucun déboursé, et que ces déboursés seuls peuvent être exigés en sus du droit de vente. (V. n° 19 ci-dessus.)

6

33. Il ne pourrait non plus être accordé aux notaires, greffiers et huissiers qui réclameraient des droits de vente suivant le tarif de la loi du 18 juin 1843 (V. n° 12 et 13 ci-dessus), et ceux-ci n'auraient droit à l'exiger que si leurs émolumens, tout compris, ne dépassaient pas six pour cent du produit de la vente. (V. *eod.*)

N° 3.

Publicité donnée à la vente.

34. On accordait, pour la rédaction de l'original du placard (art. 38 du tarif), 1 fr.

Pour chacun des placards s'ils étaient manuscrits, non compris le timbre (même art.) 50 c.

Si les placards étaient imprimés, s'il y avait notice ou catalogue, le commissaire-priseur en était remboursé sur les quittances de l'imprimeur (même art.)

Il en était de même pour le salaire payé à l'afficheur. (Même art.)

La loi nouvelle, art. 1er, n° 3, porte formellement qu'elle ne comprend pas la *rédaction des placards* dans les six pour cent du produit des ventes : ces droits devraient donc encore être accordés. — Ils sont les mêmes pour toutes les villes, quelle que soit leur importance, et pour les cantons ruraux. (Art. 38 du tarif.)

Procès-verbal constatant l'apposition des affiches.

35. Cet acte est du ministère des huissiers, auxquels il est alloué (art. 39), pour l'original, à Paris, 3 fr.

Dans les villes où il y a tribunal de première instance, 2 fr. 25 c.

Dans les autres villes et cantons ruraux, 2 fr.

Pour le timbre, partout, 35 c.

Pour l'enregistrement, 2 fr. 20 c.

Si le transport de l'huissier est nécessaire ses frais sont taxés suivant l'art. 66 du tarif de 1807.

36. Insertion au journal à ce destiné, suivant quittance.— Ces insertions ne sont nécessaires que si la vente est considérable. On consultera sur ce point les convenances.

N° 4.

Dégagement par le commissaire-priseur d'effets déposés aux bureaux du Mont-de-piété.

37. Indépendamment des droits et avances remboursés par le commissaire-priseur pour dégager les effets, ainsi que des sommes qui auraient été payées pour le salaire des hommes de peine employés au transport, il était alloué au commissaire-priseur, pour vacation de trois heures, à chaque dégagement, 6 fr.

Tous les effets engagés dans un même bureau ne devaient donner lieu qu'à un même dégagement, à moins qu'il ne fût justifié qu'il n'avait pu s'opérer dans une seule vacation.

Suivant la loi nouvelle, les commissaires-priseurs, s'il s'agissait de *vente*, ne pourraient percevoir absolument que leurs déboursés. (V. ci-dessus n° 19.)

N° 5.

Arrangement préparatoire.

38. Cette opération est souvent nécessaire pour l'avantage de la vente, parce-qu'elle a pour objet la formation des lots, qui, bien composés suivant leur nature et leur qualité, sont vendus plus favorablement.

Elle est également nécessaire pour reconnaître tous les objets inventoriés et qui seront vendus, sur lesquels il est placé des notes ou étiquettes qui indiquent l'article sous lequel ils ont été compris dans l'inventaire, seul moyen d'assurer l'exactitude du récolement à faire ensuite de la vente.

La loi du 18 juin, article 1er, n° 3, autorise encore ces vacations en faveur des commissaires-priseurs si l'arrangement préparatoire a eu lieu *sur la réquisition des parties, constatée par procès-verbal du commissaire-priseur,* et si de plus *le produit de la vente s'est élevé à 3,000 fr.* Dans tous autres cas, c'est à dire si l'arrangement préparatoire n'est pas requis par les parties ou si la vente ne s'élève pas à 3,000 francs, aucune vacation n'est due.

39. Cet article serait aussi applicable aux notaires, greffiers et huissiers, s'ils percevaient leurs honoraires de vente suivant le taux admis par la loi des commissaires-priseurs; s'ils se contentaient soit d'un taux inférieur, soit de simples vacations, ils auraient droit de réclamer des émolumens pour l'arrangement préparatoire, surtout si la vente était considérable et si cet arrangement était requis par les

parties ; bien entendu encore qu'il ne faudrait pas que le tant pour cent qu'ils recevraient sur le produit de la vente, joint à leurs vacations pour arrangement préparatoire, dépassât les six pour cent accordés par la loi du 18 juin, à moins toutefois que les parties l'eussent requis et que le produit de la vente fût supérieur à 3,000 francs, toujours par application du principe posé ci-dessus, n°s 12 et 13.

40. Chacune des vacations de 3 heures, pour l'arrangement préparatoire des objets mis en vente, donnera droit, quand elle devra être passée en taxe d'après les règles sus-énoncées, aux émolumens fixés par le numéro 1er de l'art. 1er de la loi du 18 juin 1843, c'est à dire pour Paris, Lyon, Bordeaux, Rouen, Toulouse et Marseille, 6 fr.

Partout ailleurs, 5 fr.

Avant la loi actuelle, ces vacations étaient taxées comme vacations de vente, et suivant l'article 39 du tarif de 1807, c'est à dire pour Paris, 8 fr.

Pour les villes où il y a tribunal de première instance, 5 fr.

Pour les autres villes et cantons ruraux, 4 fr.

N° 7.

Distraction et remise avant la vente d'effets en nature réclamés, soit par le survivant en exécution d'une stipulation de contrat de mariage, soit par tous autres auxquels cette remise aurait été ordonnée devoir être faite.

41. Il était alloué pour chaque vacation de trois heures, 6 fr.

Pour l'expédition de ce procès-verbal, si elle était requise, par chaque rôle, 2 fr.

Pour l'enregistrement, timbre de minute et d'expédition, ce qu'il en avait coûté.

Cette opération ne donnerait lieu aujourd'hui à aucun droit, même de vacation, en faveur du commissaire-priseur; celui-ci ne pourrait réclamer que ses déboursés, et tout au plus, pour l'expédition du procès-verbel, si elle était requise, et par chaque rôle, 1 fr. 50. (Loi du 18 juin 1843, art. 1er, 4°.) Quant à l'opération même et au temps qui y serait employé, les honoraires les représentant seraient nécessairement compris dans les six pour cent accordés pour la vente. (Voir ci-dessus numéros 16 et 19.)

42. Les notaires, greffiers ou huissiers qui s'emploieraient à cette distraction ou à cette remise pourraient réclamer leurs honoraires comme vacations, s'ils se faisaient payer par vacations; mais s'ils recevaient tant pour cent sur le produit de la vente, ce tant pour cent, y compris les honoraires de la distraction et de la remise et tous autres, ne devrait pas dépasser le taux accordé aux commissaires-priseurs. (V. ci-dessus, numéros 12 et 13.)

N° 7.

Contrôle des matières d'or et d'argent avant la vente.

43. Il est quelquefois avantageux, dans l'intérêt des parties, de faire contrôler avant la vente; c'est surtout lorsqu'il se rencontre beaucoup d'objets d'or ou d'argent, qui ont une valeur de façon, indépendante du poids; tel est, par exemple, le cas d'une vente en détail de marchandises d'orfévrerie et de bijouterie.

Le commissaire-priseur doit alors dresser procès-verbal de cette opération.

Il était alloué à Paris, indépendamment des déboursés justifiés, par chaque vacation de trois heures, 6 fr.

44. La loi du 18 juin 1843 a, par son article 1er, n° 4, consacré la perception de ce droit. Cet article accorde en effet pour assistance à l'essai ou au poinçonnage des

matières d'or et d'argent, à Paris, Lyon, Bordeaux, Rouen, Toulouse et Marseille, 6 fr.

Partout ailleurs, 5 fr.

Ce droit ne représente pas *une vacation de trois heures*, mais le temps employé, quel qu'il soit, pour l'assistance à l'essai ou au poinçonnage ; il pourrait cependant arriver qu'un long espace de temps fût nécessaire pour cette opération ; et comme elle a lieu aussi bien dans le cas de prisée que dans le cas de vente, il s'ensuivrait que le commissaire-priseur ne trouverait plus dans les simples vacations de la prisée le dédommagement du temps employé ; aussi pensons-nous que la disposition du nº 4 de l'art. 1er, qui concerne le poinçonnage et l'essai, n'a rapport qu'aux matières mises en vente, et nullement à celles qui doivent être prisées, si en effet l'officier priseur est obligé d'employer un essayeur pour l'estimation d'objets d'or et d'argent, il ne doit pas être considéré comme assistant seulement à l'opération, il y conserve son caractère de priseur, il agit lui-même par l'entremise de l'essayeur, il doit donc percevoir ses émolumens comme pour une prisée ordinaire, c'est à dire par vacation de trois heures. (Loi du 18 juin 1843, art. 1er.)

45. Les mêmes observations s'appliquent aux notaires, greffiers et huissiers, s'ils se soumettent au tarif de 1843; s'ils fixent leurs honoraires suivant le tarif de 1807, ou sur l'usage, il est évident qu'ils pourront exiger, soit en cas de vente, soit en cas de prisée, le paiement de *toutes* les vacations d'assistance à l'essai ou au poinçonnage.

Ces vacations, non compris le transport, se taxent ordinairement d'après l'art. 39 de la loi de 1807, pour les villes où il y a tribunal de première instance, 5 fr.

Autres villes et cantons ruraux, 4 fr.

N° 8.

Déclarations qui doivent précéder la vente.

46. Ces déclarations ont lieu :

1° Au bureau du receveur d'enregistrement de l'arrondissement où se fait la vente. (Art. 2 de la loi du 22 pluviôse an 5.)

2° Au secrétariat de la chambre des commissaires-priseurs. (Arrêté des consuls du 29 germinal an 9.)

3° Au bureau de l'administration de la monnaie, quand il existe des matières d'or et d'argent qui n'ont pas été contrôlées avant la vente.

4° Enfin, à M. le conseiller d'état préfet de police, si parmi les objets à vendre il se trouve, soit des voitures de place portant numéros, soit des presses, moutons, laminoires, balanciers, coupoirs ou tous autres objets dont il importe à M. le préfet de police de connaître le nouveau propriétaire.

Divers arrêtés et circulaires de M. le préfet de police, des 24 messidor an x, 11 vendémiaire an ix et 9 juillet 1811.)

Il était alloué, suivant l'usage, pour chacune de ces déclarations, 2 fr.

Si la vente se faisait hors Paris, on accorderait pour le transport au bureau du receveur d'enregistrement, en sus des autres droits de déclaration, 6 fr.

Le tout non compris la somme de 1 fr. à payer au secrétariat de la chambre, aux termes de l'art. 8 de l'arrêté du 29 germinal an ix.

47. La perception de tous ces droits est absolument interdite par l'art. 3 de la loi du 28 juin; il faut pourtant excepter le dernier, qui, à titre de déboursé, peut être réclamé ; en effet, d'après l'art. 8 de la loi du 29 germinal an ix, le commissaire-priseur vendeur est tenu de faire au secrétariat de la chambre des commissaires-priseurs déclaration de toutes ventes, et *ces déclarations sont reçues moyennant 1 franc.*

Mais les déclarations au bureau du receveur de l'enregistrement, au bureau de l'administration de la monnaie, au préfet de police, au préfet du département, au sous-préfet, au procureur du roi, ne donnant lieu à aucun déboursé, la perte de temps qu'elles entrainent est comprise dans les honoraires de la vente. (V. ci-dessus, numéros 16 et 19.)

48. Quant aux autres officiers vendeurs qui ne sont pas soumis à la loi du 18 juin, ils pourraient tout au plus faire considérer le temps passé à ces déclarations comme vacation, et se faire payer en conséquence; ils auraient droit en outre à réclamer leurs frais de transport, surtout s'ils s'étaient transportés à plus de deux myriamètres.

N° 9.

Droits de vente.

49. Ils étaient fixés par la loi du 27 ventôse an IX, savoir :

8 pour 100 lorsque le produit s'élevait jusqu'à 1,000 fr.

7 pour 100 lorsque le produit s'élevait jusqu'à 4,000 fr.

Et 5 pour 100 lorsque le produit s'élevait au-dessus de 4,000 fr.

Non compris les déboursés d'hommes de peine et autres de toute espèce nécessaires pour parvenir à la vente et la mettre à fin.

Par la loi nouvelle les commissaires-priseurs peuvent percevoir « pour tous » droits de vente, non compris les débour» sés pour y parvenir et en acquitter les » droits, non plus que la rédaction des » placards (voir ci-dessus n° 34), 6 *pour* » *cent* sur le produit des ventes, sans dis» tinction de résidence. »

Dans les 6 *pour cent* ne sont pas compris les déboursés justifiés, comme le papier timbré, le transport des objets, ce que l'on paie aux hommes de peine ; le rapporteur de la commission de la chambre des députés disait formellement, en expliquant le sens de l'art. 3 de la loi, que, parmi les *déboursés réels* à réclamer, était *le prix du transport des objets à vendre.*

30. Quant aux notaires, greffiers, huissiers, s'ils se faisaient payer par vacation, le taux de chaque vacation de trois heures serait (tarif de 1807, art. 39), dans les villes où il y a tribunal de première instance, de 5 fr.

Dans les autres villes et cantons ruraux, de 4 fr.

Mais nous avons vu que, malgré les arrêts de la cour de cassation, d'après lesquels, au reste, le tarif de 1807 ne serait même pas applicable à ces officiers vendeurs (n. 5 ci-dessus), les notaires, greffiers ou huissiers se regardent comme autorisés par l'usage à fixer tant pour cent sur le produit de la vente, par convention avec les vendeurs; et il résulte de la discussion de la loi de 1843, aux chambres, que le tant pour cent ne serait exagéré que s'il dépassait celui accordé aux commissaires-priseurs par la loi nouvelle. (Voir ci-dessus, nº 12; voir encore nº 27.)

N° 10.

Timbre et enregistrement de la minute.

50 *bis*. Ce qu'ils auront coûté.

N° 11.

Visa d'opposition.

51. Pour le visa par le commissaire-priseur de l'original de l'opposition formée sur le produit de la vente ou de tous autres à lui signifiés, on accordait à Paris, pour chaque visa, 50 c.

Et pour réception de chaque opposition par le procès-verbal même, 2 fr.

Le commissaire-priseur, avant de recevoir l'opposition sur son procès-verbal de vente, doit exiger la représentation des titres des créanciers et les énoncer dans le procès-verbal.

D'après la loi nouvelle, aucun droit ne serait dû pour visa d'oppositions, puisque ces visa ne donneraient pas lieu à des déboursés (V. ci-dessus n. 19). Il en serait de même des réceptions d'oppositions.

Ces droits, au reste, n'étaient accordés que par l'usage ; aucun texte ne les autorisait ; ils ont été fixés au taux ci-dessus par l'instruction sur les frais et honoraires des commissaires-priseurs de Paris ; mais rigoureusement ils ne pourraient être passés en taxe, excepté peut-être comme vacations, et au taux des vacations ordinaires pour les officiers vendeurs qui se feraient payer par vacation.

N° 12.

Paiement des contributions et des droits de mutation.

52. La loi du 12 novembre 1808, art. 2, a imposé aux commissaires-priseurs l'obli-

gation d'acquitter, sur la demande qui leur en serait faite, les impositions dues par les contribuables ayant droit aux deniers provenus de la vente, et a déclaré les commissaires-priseurs personnellement responsables de l'acquit de ces contributions.

Il était alloué pour vacation à ces paiemens, d'après l'usage de Paris, savoir :

S'ils avaient lieu à Paris, 6 fr.

S'ils avaient lieu hors Paris, 12 fr.

Non compris les frais de transport.

La loi du 18 juin 1843 porte, art. 1er no 4, qu'il est alloué aux commissaires-priseurs « pour paiement des contributions, conformément aux dispositions des lois » des 5 et 18 août 1791, et 12 novembre » 1808, à Paris, Lyon, Bordeaux, Rouen, » Toulouse et Marseille, 4 fr.

» Partout ailleurs, 3 fr. »

Si les commissaires-priseurs étaient obligés de se transporter pour faire ce paiement, ils auraient droit de plus à leurs frais de voyage justifiés, surtout si la distance était de plus d'un myriamètre. (Argument de l'art. 66 du tarif de 1807.)

53. Il est douteux que les autres officiers vendeurs pussent exiger une taxe supérieure à celle de 4 fr. et de 3 fr., selon les lieux; cependant, s'ils se soumettaient pour tous les frais et honoraires de la vente au tarif de 1807, le temps passé pour le paiement des contributions ou droits de mutation serait justement considéré comme employé à la vente, et rétribué suivant le taux ordinaire, c'est-à-dire par vacation de trois heures dans les villes où il y a tribunal de 1re instance, 5 fr.

Dans les autres villes et cantons ruraux, 4 fr.

N° 13.

Récolement après la vente.

54. Il était alloué à Paris, d'après l'instruction, pour chaque vacation de trois heures constatée. 6 fr.

Cet honoraire ne pourrait plus être demandé, puisque le récolement ne constitue pas un déboursé. (V. ci-dessus n° 19.)

N° 14.

Expédition du procès-verbal de vente.

35. Il était alloué (*Instruction des commissaires priseurs de Paris*) par chaque rôle de *seconde* expédition du procès-verbal de vente, 2 fr.

Sous la loi du 27 ventôse an IX, la première expédition ne donnait lieu à aucun honoraire. V. art. 7 de cette loi, et ci-dessus n° 16 —d'après l'art. 1er n° 4, de la loi nouvelle, il est alloué, « pour expédition ou extraits de procès-verbaux de vente, s'ils sont requis, outre le timbre et pour chaque rôle de vingt-cinq lignes à la page et de quinze syllabes à la ligne, 1 fr. 50 c.

Nous avons vu plus haut, n° 16, que les honoraires de la *première* expédition ne sont plus compris dans les six pour cent de la vente.

Suivant le tarif de 1807 il ne serait dû (art. 41) que, dans les villes où il y a un tribunal de première instance, 50 c.

Dans les autres villes et cantons ruraux, 40 c.

N° 15.

Décharge du gardien.

56. Lorsque, par l'effet du récolement, il est constant que tous les effets confiés au gardien ont été vendus et que celui-ci a demandé sa décharge, le commissaire-priseur lui délivre un extrait du procès-verbal de vente.

Cet extrait ne doit contenir aucun détail des objets vendus.

Il était alloué, à Paris, pour chaque rôle d'expédition, comme *suprà*, 2 fr.

Aujourd'hui il ne serait accordé, suivant l'art. précité 1er, n° 4, que 1 fr. 50 c.

N° 16.

Contrôle et récense après la vente.

57. Il était alloué, à Paris, pour chaque vacation déterminée suivant l'importance, non compris les frais de transport s'il y avait lieu, 6 fr.

Les frais justifiés pourraient seuls aujourd'hui être demandés. (V. ci-dessus n° 19.)

N° 17.

Paiement des frais de scellés.

58. Le mémoire de ces frais ne doit être acquitté qu'autant qu'il est revêtu du *visa* du juge de paix. (Décision de la chambre des commissaires-priseurs de Paris du 9 novembre 1811, en conséquence des ordres du ministre de la justice et des circulaires du président du tribunal civil de première instance des 30 octobre et 6 novembre 1811).

N° 18.

Paiement des frais de garde des scellés et autres.

59. Il est alloué pour frais de garde, soit de scellés, soit pour suite de saisie (Tarif de 1807, art. 26.), pendant les douze premiers jours :

Paris, 2 fr. 50 c.

Villes où il y a tribunal de première instance, 2 fr.

Autres villes et cantons ruraux. 1 fr. 50

Après les douze premiers jours :

Paris, 1 fr.

Villes où il y a tribunal de première instance, 80 c.

Autres villes et cantons ruraux, 60 c.

N° 19.

Taxe des frais.

60. Suivant le tarif de 1807, art. 42, la

vacation pour faire taxer les frais de la vente est fixée ainsi :

Paris, 3 fr.

Villes où il y a tribunaux de première instance. 2 fr. 50 c.

Autres villes et cantons ruraux. 1 fr. 50 c.

D'après l'art. 2 de la loi du 18 juin 1843, « L'état des vacations, droits et remises alloués aux commissaires-priseurs sera délivré *sans frais* aux parties. Si la taxe est requise, elle sera faite par le président du tribunal de première instance ou par un juge délégué. »

La loi nouvelle ne portant aucune vacation ou honoraire pour taxe, l'art. 42 du tarif de 1807 ne pourrait plus être invoqué par les commissaires-priseurs. (Loi du 18 juin, art. 3; V. ci-dessus n. 19.)

61. Les autres officiers vendeurs seraient encore en droit de réclamer la vacation que leur accorde l'art. 42, si leurs droits de vente ne montaient pas à plus de six

pour cen tout compris.(V. ci-dessus nos 12 et 13.)

N° 20.

Compte et décharge.

62. Pour chaque vacation de trois heures (instruction des commissaires-priseurs de Paris), 6 fr.

Si les opérations qui avaient précédé ou suivi la vente avaient donné lieu de la part du commissaire-priseur à des travaux et vacations extraordinaires, il pouvait être alloué des honoraires particuliers qui étaient arbitrés, eu égard à la nature de l'affaire et aux soins qu'elle avait nécessités.

Cette vacation ne serait plus admise, le rapporteur de la commission à la chambre des députés s'en est expliqué formellement.(V. ci-dessus n° 19.)

N° 21.

Expéditions ou extraits du compte.

63. Les expéditions ou extraits peuvent être délivrés à une ou plusieurs parties intéressées, suivant les cas.

Pour chaque rôle d'expédition, non compris le timbre, on allouait, à Paris, 2 fr.

Ces expéditions n'étant ni prévues ni taxées par la loi nouvelle, il est douteux qu'aucun droit, outre le cout du papier timbré, pût être demandé. Voir ci-dessus n° 19. Dans tous les cas, le coût de 1 fr. 50 fixé pour le rôle du procès-verbal de vente serait seul alloué.

N° 22.

Consignation du reliquat des deniers de la vente à la caisse des dépôts et consignation.

— (Ordonnance du 3 juillet 1816.)

64. Pour opérer cette consignation, il

faut remettre au caissier un extrait du procès-verbal de vente, en ce qui concerne les qualités des parties, le produit de la vente et le compte qui fixe le reliquat à verser, ainsi qu'un extrait de chaque opposition formée sur le produit de la vente, soit aux scellés, soit autrement.

Il était alloué, à Paris, pour chaque rôle d'expédition, 2 fr.

Pour la vacation au dépôt, 6 fr.

La loi nouvelle ne parle pas du droit d'expédition pour la consignation à la caisse, elle alloue seulement un droit de vacation, fixé pour Paris, Lyon, Bordeaux, Rouen, Toulouse et Marseille (Art. 1er n. 4), à 6 fr.

Partout ailleurs, à 4 fr.

Mais si l'expédition d'une partie du procès-verbal de vente était nécessaire pour le dépôt, nous pensons qu'il y aurait lieu d'accorder le droit alloué par le n. 4 de l'art. 1er, par rôle 1 fr. 50

65. Le tarif de 1807 alloue aux officiers

vendeurs qui y sont soumis, art. 42, pour consigner les deniers provenant de la vente, à Paris, 3 fr.

Villes où il y a tribunal de première instance, 2 fr.

Autres villes et cantons ruraux, 1 fr. 50

66. Il faudrait, dans tous les cas, soit pour les commissaires-priseurs, soit pour les autres officiers vendeurs, ajoutez les frais de transport et le coût du papier timbré.

N. 23.

Vente par autorité de justice.

67. Vacation au procès-verbal de réquisitoire de l'huissier et dans lequel sont relatées les formalités qui ont été remplies pour y parvenir, il était alloué à Paris 6 f.

Ce droit n'était dû qu'autant que le réquisitoire était constaté par un acte séparé du procès-verbal de vente ; il ne serait pas accordé aux commissaires-priseurs sous la loi nouvelle. V. ci-dessus n. 19.

Les officiers vendeurs qui se soumettraient au tarif de 1807 pourraient faire taxer leur présence à la réquisition comme vacation à la vente, suivant l'art. 39.

68. Si la vente a lieu sur la place publique, les officiers vendeurs ont nécessairement le droit de demander le paiement de tous déboursés pour location des bureaux portatifs dits baraques.

No 24.

Vente par suite de séparation de biens.

69. Ces ventes ne doivent avoir lieu à Paris qu'en présence d'un membre de la chambre, pour assurer que le jugement qui prononce la séparation a été strictement exécuté selon le vœu de la loi. (Réglement homologué par le tribunal le 21 frimaire an 10, art. 5 du titre 7.)

Il était alloué au commissaire-priseur, membre de la chambre, pour chaque vacation de trois heures. 6 fr.

Le montant de ces vacations ne devait pas être acquitté par le commissaire-priseur qui avait procédé à la vente mais par le trésorier de la compagnie, comme charge de bourse commune aux termes du réglement précité.

Cette assistance du membre de la chambre était utile, mais elle n'est pas obligatoire, et comme elle n'occasionne aucun déboursé, elle ne pourrait, d'après la loi du 18 juin 1843, donner lieu à aucun honoraire, voir ci-dessus n° 19

N° 25.

Vente de fonds de commerce.

70. Lorsque la vente est faite soit volontairement, soit par suite de saisie, et sans qu'elle ait été précédée d'une inventaire avec prisée, il peut y avoir lieu, pour le

commissaire-priseur, de dresser, avant la vente, un procès-verbal descriptif avec estimation, tant des marchandises dépendant du fonds de commerce que des ustensiles et effets mobiliers servant à son exploitation.

Une expédition de ce procès-verbal doit être annexée à la minute du cahier des charges, et sert à faire connaître aux acquéreurs les objets mis en vente et à fixer la mise à prix.

Il était alloué à Paris pour les vacations de prisée. 6 fr.

Pour les droits d'expédition par rôle 2 fr.

71. Si après la vente, et afin de mettre l'adjudicataire en possession, il y avait lieu de faire un récolement des marchandises et effets mobiliers compris au procès-verbal estimatif, il était alloué au commissaire-priseur, pour chaque vacation de trois heures, constatée par procès-verbal qu'il dressait de cette opération.... 6 fr.

72. La prisée dont il est question dans cet article est différente de la vente, c'est une opération à part, et *si elle était requise par les parties*, le commissaire-priseur pourrait exiger le droit fixé pour les prisés par l'art. 1er, no 1er de la loi du 18 uin; pour que le droit d'expédition fût dû, il faudrait que cette expédition eût aussi été expressément demandée par le vendeur ou l'annexe requis, loi du 18 juin, art. 1er, no 4: quant au récolement après la vente il ne donnerait lieu à aucun honoraire.

N. 26.

Référés.

73. Pour vacation du commissaire-priseur en référé, par suite des difficultés élevées sur son procès-verbal ou autrement, il était alloué à Paris, 6 fr.

L'article 1er n. 2 de la loi du 18 juin 1843 accorde pour assistance aux référés ou pour chaque vacation, à Paris, Lyon, Bordeaux, Toulouse et Marseille, 5 fr.

Partout ailleurs, 4 fr.

74. L'article 168 du tarif de 1807 fixe les vacations des notaires pour assistance aux référés, dans les villes où il y a tribunal de première instance, 6 fr.

Partout ailleurs, 4 fr.

N. 27.

Compulsoire.

75. Lorsqu'il y avait lieu à compulsoire, aux termes de l'art. 849 et suivans C. proc. il était alloué, pour chaque vacation de trois heures aux compulsoires faits, soit dans le cabinet des commissaires-priseurs, soit devant le juge, dans le cas où le transport aurait été requis. (Arg. de l'art. 168 du tarif,) Paris, 6 fr.

76. Le même article, qui concerne les notaires, fixe la vacation aux compulsoi-

res, pour les villes où il y a tribunal de première instance, à 6 fr.

Partout ailleurs, à 4 fr.

Il n'est pas douteux qu'il ne fut encore aujourd'hui applicable aux notaires, peut-être le serait-il également aux greffiers et aux huissiers, lorsque ces derniers remplaceraient les commissaires-priseurs. (V. ci-dessus, n. 28.)

Quant à l'application de la loi nouvelle à cet acte, aucune rétribution spéciale n'y étant mentionnée, on appliquerait probablement le n. 2 de l'art. 1er, relatif aux référés. (Voir le numéro qui précède.)

N. 28.

Droit de recherche.

77. Il était alloué, à Paris, pour droit de recherche, lorsqu'il était demandé un renseignement, une expédition ou un extrait d'un procès-verbal de vente fait pendant l'exercice d'un prédécesseur, 3 fr.

Le droit de recherche serait encore dû,

quoique la loi nouvelle n'en fasse aucune mention; ce droit étant indépendant de toute vente ou prisée, ne pourrait être refusé, mais la taxe de 3 fr. nous paraît bien arbitraire et dans certains cas exagérée ; s'il y avait lieu à donner un extrait, ne serait-il pas plus juste de le payer suivant le coût des expéditions fixé par l'art. 1er, n. 4, de la loi du 18 juin 1843; et, pour simple recherche, ne devrait-on pas appliquer plutôt les dispositions relatives aux greffiers des tribunaux, d'après lesquelles ils ne peuvent exiger aucun droit de recherche des actes et jugemens faits ou rendus dans l'année, ni de ceux dont ils feront les expéditions. — Lorsqu'il n'y a pas d'expédition, il leur est attribué un droit de recherche de cinquante centimes pour l'année indiquée ; s'il est indiqué plusieurs années, ils perçoivent cinquante centimes pour la première et vingt-cinq centimes pour chacune des autres. (Loi du 21 ventôse an 7, art. 14.)

FIN.

TABLE ALPHABÉTIQUE

DES MATIÈRES.

FIN DE LA TABLE.

PARIS, IMPRIMERIE DE POUSSIELGUE,
rue du Croissant, 12.

www.ingramcontent.com/pod-product-compliance
Ingram Content Group UK Ltd.
Pitfield, Milton Keynes, MK11 3LW, UK
UKHW020926180726
13838UKWH00002B/779